CATALOGUE

DE

DESSINS ANCIENS

DES ÉCOLES ITALIENNE, ALLEMANDE ET FRANÇAISE

PROVENANT

Des Collections célèbres de deux Amateurs connus

Dont la vente aux enchères publiques aura lieu

HOTEL DES COMMISSAIRES-PRISEURS, RUE DROUOT, N° 9

SALLE N° 4

Le Mardi 26 Décembre 1882

A UNE HEURE

Par le ministère de M° **MAURICE DELESTRE**, Commissaire-Priseur,
27, rue Drouot, 27.

Assisté de **M. CLEMENT**, Marchand d'Estampes de la Bibliothèque Nationale,
rue des Saints-Pères, 3.

EXPOSITION PUBLIQUE

Le Dimanche 24 Décembre 1882

DE DEUX HEURES A QUATRE HEURES

—

PARIS — 1882

CONDITIONS DE LA VENTE

Elle sera faite au comptant.

Les adjudicataires payeront *cinq pour cent* en sus des enchères.

ORDRE DE LA VACATION

L'ordre du Catalogue sera suivi.

DÉSIGNATION

DESSINS

ALDEGREVER (Henri)

1 — Homme à cheval avec femme en croupe, et un autre cavalier précédé de deux musiciens à pied.

A la plume. — Haut., 0.094; larg., 0.110.
Collection lord Somers.

ALLORI (Alessandro, dit Il Bronzino)

2* — Saint Pierre agenouillé.

Beau dessin à la pierre noire. — Haut., 0.332; larg., 0.227.
Collection L.-C. Calamatta.

ANDREA (Zoan)

3 — Composition allégorique représentant un Triomphe.

Dessin à la plume. — Haut., 0.319; larg., 0.224.
Collection Thomas Lawrence.

* Les numéros portant une astérisque proviennent de la Collection de M. le marquis de Chennevières.

BAGLIONE (GIOVANNI)

4* — Première pensée de la composition de saint Pierre baptisant sainte Prisque, gravée dans le cabinet Crozat.

> Dessin à la plume lavé d'encre de Chine. — Haut., 0.145; larg., 0.200.

BANDINELLI (BACCIO)

5* — Le Christ en croix.

> Dessin à la plume d'un grand caractère et qui a été gravé. — Haut., 0.385; larg., 0.256.
> Collection Simon.

6 — Jupiter nourri par la chèvre Amalthée.

> A la plume. — Haut., 0.350; larg., 0.280.
> Collections Jaback et Robinson.

BARBIERI (FRANCESCO, dit IL GUERCINO)

7 — Trois études de tête.

> Dessins à la plume.

8 — Étude de deux enfants tenant des fleurs.

> A la plume. — Haut., 0.206; larg., 0.283.
> Collection Robinson.

9* — Étude de deux figures de femmes pour une Visitation ; au verso, variante du même sujet.

> A la plume. — Haut., 0.200; larg., 0.170.
> Collection Zoomer.

BAROCCI (FEDERIGO)

10* — Etude de tête de jeune fille.

> Aux trois crayons. — Haut., 0.257; larg., 0.190.

BARROZIO (MIGUEL)

11* — L'Annonciation aux Bergers.

> Composition capitale au lavis de bistre rehaussé de blanc. — Haut., 0.370; larg., 0.460.

BARROZIO (Miguel)

12* — L'Ascension de Notre-Seigneur.

Au lavis de bistre rehaussé de blanc. — Haut., 0.500; larg., 0.420.

13* -- La Résurrection de Lazare.

Même exécution que les précédents. — Haut., 0.420; larg., 0.250.

BERETTINI DA CORTONA (Pietro)

14* — Esquisse pour une Sainte Famille.

Dessin à la pierre noire. — Haut., 0.300; larg., 0.250.
Collection Lempereur.

15* — Bergers et Bergères dans un paysage.` — Sujet biblique.

A la plume et au lavis. — Haut., 0.108; larg., 0,153.

BELLLANGÉ (H.)

16 — Napoléon Ier, à cheval.

A l'aquarelle. — Haut., 0.099; larg., 0.085.

BISCAINO (Bartolomeo)

17 — La Vierge et l'Enfant Jésus.

A la sanguine avec des rehauts blancs. — Haut., 0.302; larg., 0.213.
Collections Dimsdale, Woodburn et Robinson.

18 — Etudes pour des prophètes.

Dessin à la sanguine avec rehauts blancs. — Haut., 0.148 larg., 0.276.
Collections Thomas Lawrence et Woodburn.

BORGOÑA (Juan de)

19* — Etude d'homme debout, le bras gauche fixé à un appareil, probablement une illustration pour un traité de chirurgie.

Dessin à la plume lavé de bistre. — Haut., 0.203; larg., 0.195.

BOSSE (ABRAHAM)

20 — Le Roi Louis XIII tenant un lit de justice.

> Moitié d'une composition qui n'a pas été gravée.
> A la plume et à l'encre de Chine. — Haut., 0.300; larg., 0.218.

BOTTICELLI (SANDRO), attribué à

21 — Un Prophète

> A la plume lavé de bistre avec des rehauts blancs. — Haut., 0.330; larg., 0.240.
> Collections Thomas Lawrence et Robinson.

BUONACCORSI (PIETRO, dit DEL VAGA)

22 — Deux Figures nues soutenant une lyre.

> Au bistre rehaussé de blanc. — Haut., 0.150; larg., 0.128.
> Collections Pierre Lely, Jos. Reynolds et John Barnard.

23* — Jésus remettant les clefs à saint Pierre.

> Esquisse à la plume. Le dessin terminé est au Louvre. — Haut., 0.253; larg., 0.177.

BUONAROTTI (MICHEL-ANGELO)

24 — Le Rêve de Michel-Ange. — C'est sous ce titre qu'a été décrite une composition du même genre, qui faisait partie de la collection Lawrence, mais différente dans les détails.

> A la pierre noire. Comme exécution, ce dessin rappelle celui de la chute de Phaéton de la Collection Galichon. — Haut., 0.412; larg., 0.285.
> Collections Casa Buonarotti, R. Cosway et Robinson.

BUONAROTTI (MICHEL-ANGELO), attribué à

25* — Partie inférieure d'une figure drapée.

> Dessin à la plume. — Haut., 0.130; larg., 0.115.
> Collection Maurel.

CALIARI (Paolo, dit Il Veronese)

26 — Jésus dans la maison de Simon le lépreux.

> Esquisse à la plume, probablement pour le tableau de Turin. — Haut., 0.128; larg., 0.263.
> Collections Richardson, sir Josuah Reynolds et Robinson.

VÉRONÈSE (Ecole du)

27* — La sainte Vierge et l'Enfant Jésus sur un piédestal; à leurs côtés, trois figures de guerriers, et dans le bas, deux hommes agenouillés.

> Au bistre. — Haut., 0.135; larg., 0.097.
> Collection J.-P. Zoomer.

CAMPAGNOLA (Domenico)

28 — La Prédication de saint Jean-Baptiste.

> A la plume. — Haut., 0.292; larg., 0.198.
> Collection Robinson.

CAMPI (Bernardino)

29· — Compositions représentant la vie d'un évêque.

> Huit dessins à la plume lavés de sépia et rehaussés de blanc, sur papier teinté et montés sur deux feuilles. — Haut., 0.087; larg. 0.122.
> Collection Vallardi.

CANO (Alonzo)

30 — Plusieurs personnages, les uns priant à genoux, les autres debout, dans une attitude recueillie, à la porte d'un sanctuaire.

> A la plume et lavé de bistre. — Haut., 0.885; larg., 0.150.
> Collection Robinson.

31* — Groupe de saints montant vers le ciel.

> Dessin à la plume lavé de bistre. — Haut., 0.140; larg., 0.100.
> Collection Gasc.

32* — La Vierge et l'Enfant apparaissant à un saint.

> Composition cintrée à la plume lavée de bistre. — Haut., 0.125; larg., 0.255.
> Collection Gasc.

CAMUCCINI (Vincenzo)

33* — La Sainte Famille et saint Jean.

> A la mine de plomb et rehaussé de blanc. — Haut., 0.195; larg., 0.155.

CARACCI (Agostino)

34* — Sainte Famille.

> A la plume lavé de bistre et rehaussé de blanc. — Haut., 0.113; larg., 0.098.
> Collection Gelosi.

CARACCI (Annibale)

35 — Loth et ses filles.

> A la plume lavé de bistre. — Haut., 0.260; larg., 0.292.
> Collection Robinson.

36* — Etude de deux hommes.

> Esquisse à la plume. — Haut., 0.158; larg., 0.140.
> Collection Lempereur.

37* — Tête de faune couronné de pampres.

> Dessin à la pierre noire avec des rehauts blancs. — Haut., 0.403; larg., 0.278.

CARACCI (Annibale), d'après Baldassare Peruzzi

38* — Jésus-Christ mis au tombeau par deux anges (coll. Gelosi), et un paysage (coll. Peyron et Guichardot).

> Deux dessins à la plume. — Haut., 0.180; larg., 0.405.

CARAVAGGIO (Polidoro da)

39* — Etude pour un plafond.

> A la plume rehaussé de blanc sur papier teinté rouge. — Haut., 0.138; larg., 0.195.
> Collections Cosway, Thomas Lawrence et de Barck.

CASA VECCHIETTI (José di)

40 — Pilate se lavant les mains.

> A la plume lavé de bistre. — Haut., 0.220; larg., 0.210.
> Collections de sir J. Reynolds, W. Sharpe et Robinson.

CASTELLO (Bernardo)

41* — Célébration d'un mariage en présence d'un couple royal. — Sujet biblique.

> Dessin à la plume. — Haut., 0.175; larg., 0.155.
> Collections Genoels, Dupan de Genève, et Gasc.

CASTIGLIONE (Benedetto)

42* — Noé faisant entrer les animaux dans l'arche.

> Dessin au bistre rehaussé de couleurs. — Haut., 0.320; larg., 0.248.

CHARLET (Nicolas Toussaint)

43 — Etude d'un maraîcher anglais.

> Signé et daté de Londres.
> A l'aquarelle. — Haut. 0.255; larg., 0.180.
> Collection His de La Salle.

CLOVIO (Giulio)

44* — Scène de bataille au bord d'un fleuve.

> A la plume et lavé de bistre. Signé et daté *Roma*, 1510. — Haut., 0.122; larg., 0.163.
> Collection Ed. Peart.

COLLE (Raffaelle dal)

45* — Jésus agenouillé devant la Vierge, entourés des apôtres et des saintes femmes.

> Dessin au bistre rehaussé de blanc. — Haut., 0.382; larg., 0.292.
> Collection Desperret.

CONTI (Domenico)

46* — Première pensée d'une composition allégorique de la Charité.

> A la pierre noire lavé de bistre. — Haut., 0.250; larg., 0.342.
> Collection Zoomers.

CORREGGIO (Antonio Allegri da)

47 — Étude pour une composition peinte dans l'église des Bénédictins de Parme.

> Haut., 0.165; larg., 0.190.
> Collections de Th. Hudson, sir Josuah Reynolds et Robinson.
> L'inscription au dos de la monture est de la main de Reynolds.

CORVINA (Madalena)

48* — Allégorie représentant la Religion chrétienne.

> Dessin au bistre rehaussé de blanc. — Haut., 0.265; larg., 0.223.

CREDI (Lorenzo di)

49 — Tête d'ange.

> A la pointe d'argent rehaussé de blanc sur papier teinté. — Haut., 0.212; larg., 0.196.
> Collections C. Rogers, Mayor et Robinson.

DOLCI (Carlo)

50 — La Flagellation.

> Dessin à la pierre noire. — Haut., 0.189; larg., 0.148.
> Collection Robinson.

51 — Tête de Christ couronné d'épines.

> Dessin à la pierre noire et à la sanguine avec des rehauts blancs sur papier bleu. — Haut., 0.170; larg., 0.148.
> Collection Robinson.

DOMENICHINO (Domenico Zampieri, dit)

52* — Portrait d'un prélat. — Croquis au verso.

> A la pierre noire rehaussée de blanc sur papier bleu. — Haut., 0.268; larg., 0.188.
> Collection Desperet.

DONATELLO (Donato di Betto Bardi), Ecole de

53* — La Flagellation, composition très importante et d'une exécution capitale. — Au verso, étude de figure drapée.

> A la plume. — Haut., 0.375; larg., 0.285.
> Collection Desperet.

FACCINI (Pietro)

54* — Sainte, debout.

> Au bistre. — Haut., 0.278; larg., 0.174.
> Collection Denon.

FERRARI (Gaudenzio)

55 — La Sainte Famille.

> Au lavis, sur papier bleuâtre, avec des rehauts blancs. —
> Haut., 0.225; larg., 0.237.
> Collection Robinson.

FONTANA (Prospero)

56* — Nymphes tenant des flèches et carquois, qu'elles sem-
blent offrir à Diane, assise sur un char.

> Dessin à la plume lavé de sépia et rehaussé de blanc. —
> Haut., 0.328; larg., 0.175.

ÉCOLE FRANÇAISE (XVIIIe siècle)

57 — Enfant assis tenant un chat, et tête d'enfant.

> Deux croquis à la sanguine.

58 — « Eh bien, mon fils, j'avois raison de dire qu'il falloit
mieux être citoyen qu'abbé. »

> Au bistre rehaussé de blanc. — Haut., 0.190; larg., 0.270.

FRANCO (Battista)

59* — Deux feuilles d'études.

> A la plume lavés de bistre. — Haut., 0.160; larg., 0.210.
> Collections du comte Gelosi, Griois et Maurel.

60* — Des soldats amenés sur des barques montent à l'assaut
d'une ville. — Au verso, étude d'un flambeau.

> A la plume. — Haut., 0.280; larg., 0.410.

GELLÉE (Claude, dit Le Lorrain), attribué à

61 — Paysage représentant les ruines d'un temple, envahies
par une végétation sauvage.

> A la plume lavé de bistre. — Haut., 0.197; larg., 0.250.
> Collection Robinson.

GÉRICAULT (Théodore)

62 — Portraits de la femme et des enfants du cordonnier chez lequel l'artiste habitait pendant son séjour à Londres. C'est la première pensée d'une lithographie dont on ne connaît que trois épreuves.

> A la mine de plomb. — Haut., 0.245; larg., 0.293.
> Collection His de La Salle.

GHEZZI (Pierleone)

63* — Joueur de cartes. — Groupe de quatre personnages causant. — Groupe de six personnes.
> Trois dessins à la plume.

GIRODET TRIOSON

64 — Étude de deux femmes nues.
> A la mine de plomb. — Haut., 0.230; larg., 0.165.
> Collection His de La Salle.

GRIFFIER (Jean, le Vieux)

65 — Une Vue sur le vieux Rhin.
> A la plume et à l'encre de Chine. — Haut., 0.233; larg., 0.370.

GRIMALDI (Giovanni Francesco, dit Il Bolognese)

66* — Paysage avec baigneurs, et un autre paysage de l'école de Carrache.
> Dessins à la plume lavés de bistre.
> Collections Esdaile et Guichardot.

GRISOLFI (Giovanni)

67* — Allégorie satirique sur une sentence de Plaute.
> Dessin à l'encre de Chine. — Haut., 0.118; larg., 0.185.
> Collection de Lagoy.

GUARIENTO (ou GUARIERO), XIVᵉ SIÈCLE

68* — Marcus Curtius se précipitant dans le gouffre.

Très beau dessin à la plume. — Haut., 0.280; larg., 0.195.

HOLBEIN (HANS, le Vieux), attribué à

69* — Feuille de croquis à la plume.

Haut., 0,168; larg.. 0.270.

ÉCOLE INDO-PERSANE

70 — Portrait de Shah Abbas et Combat d'éléphants.

Deux précieux dessins à l'aquarelle.

ÉCOLE ITALIENNE (XVᵉ SIÈCLE)

71 — L'Homme de douleurs.

A la plume lavé de bistre. — Haut., 0.162; larg., 0.069.
Collection Mayor.

72 — La Résurrection de Notre-Seigneur.

A la plume, mais a beaucoup souffert de l'humidité. — Haut., 0.198;
larg., 0.208.
Collection Robinson.

ÉCOLE DU NORD DE L'ITALIE (XVᵉ SIÈCLE)

73* — Homme assis sur un char attelé de deux chevaux. Un
homme armé lui couvre les yeux des deux mains.

A la plume lavé de bistre et rehaussé de blanc. — Haut., 0.170;
larg., 0.273.
Collection Maurel de Marseille.

ÉCOLE ITALIENNE (XVIᵉ SIÈCLE)

74 — L'Assomption.

Très importante composition à la sanguine. — Haut., 0.424;
larg., 0.285.

75 — Fragment du Jugement dernier, d'après Michel-Ange.

A la plume et lavé de bistre. — Haut., 0.288; larg., 0.280.
Collection Robinson.

ÉCOLE ROMAINE (XVIᵉ SIÈCLE)

76* — Combat naval. — Au verso, deux navires marchands.

> Dessin à la pierre noire lavé de bistre. — Haut., 0.275; larg., 0.207. Collection Mariette.

ÉCOLE ITALIENNE (XVIᵉ SIÈCLE)

77* — Un Évêque debout, sous un portique, prend les mains d'un enfant qu'une femme lui présente ; à droite, un grand nombre de figures ; dans le fond, vue d'un temple avec statues.

> Beau dessin à la plume rehaussé de blanc sur papier teinté. — Haut., 0.293; larg., 0.245.

ÉCOLE ITALIENNE

78 — Une feuille d'études de figures, d'animaux, etc. à la plume, et une étude de main finement exécutée à la plume.

ÉCOLE ITALIENNE (FIN DU XVIᵉ SIÈCLE)

79* — Amour monté sur un dauphin, décochant une flèche, et au verso, étude à la plume.

> A la sanguine rehaussé de blanc sur papier teinté. — Haut., 0.247; larg., 0.197.

ÉCOLE DE PADOUE (XVIᵉ SIÈCLE)

80* — Un Roi assis sur un char attelé de deux chevaux et entouré de son cortège. — Au verso, un saint Jérôme d'une époque postérieure.

> Dessin à la plume. — Haut., 0.192; larg., 0.290.

ÉCOLE DE PARME (XVIᵉ SIÈCLE)

81* — Portrait d'une religieuse.

> Au crayon fortement lavé d'aquarelle. — Haut., 0.148; larg., 0.107. Collections de l'Évêque d'Arezzo, Richardson et Gasc.

ÉCOLE VÉNITIENNE (XVIᵉ SIÈCLE) SODOMA?,

82* — L'Annonciation de la sainte Vierge.

A la plume lavé de bistre. — Haut., 0.175 ; larg., 0.230.

JOHANNOT (TONY)

83 — Scène du Vicaire de Wakefield.

Charmant dessin à la mine de plomb qui a été gravé. — Haut., 0.107 ; larg., 0.081.

LIBERI (PIETRO)

84* — Dédication d'une église. — Groupe de plusieurs membres de la famille impériale, probablement la première pensée d'une des nombreuses peintures exécutées par l'artiste, à Vienne.

Dessin à la sanguine. — Haut., 0.278 ; larg., 0.395.

LIPPI (Fra FILIPPO). École de

85* — Moine vu de dos.

A la plume rehaussé de blanc. — Haut., 0.240 ; larg., 0.115.
Collection de sir Josuah Reynolds.

MANTEGNA (ANDREA)

86 — Un Triton et une femme montés sur un monstre marin.

Superbe dessin à la plume. — Haut., 0.270 ; larg., 0.203.
Collections R. Cosway, Houlditch et Robinson.

MARATTA (CARLO)

87* — La Sainte Famille, — Dans le coin, à gauche, le portrait de l'artiste. — Au verso, divers croquis.

A la plume. — Haut., 0.200 ; larg., 0.270.

88* — Adam et Ève.

Dessin à la pierre noire. — Haut., 0.355 ; larg., 0.238.

MARATTA (CARLO)

89* — Rabal et Abigaïl.

Dessin à la sanguine. — Haut., 0.145; larg., 0.196.
Collection Lempereur.

90* — Cupidon tirant une épine du pied de Vénus.

Dessin à la plume lavé d'encre de Chine. — Haut., 0.238; .
larg., 0.305.
Collections Paignon Dijonval (n° 311) et Dimsdale.

MASACCIO DA SAN-GIOVANNI

91 — Deux figures d'hommes assis.

Dessins à la plume lavés de bistre. — Haut., 0.093; larg., 0.054.
Collection Robinson.

MASSARD (PIERRE)

92 — La Petite Treille.

Finement exécuté à la plume sur vélin, d'après l'eau-forte bien
connue de Callot. — Haut., 0,081; larg., 0.060.
Collection Vaelardi.

MAZZUOLI (FRANCESCO, dit IL PARMEGIANO)

93 — Étude de femme vue de dos.

Dessin à la sépia sur papier teinté bleu. — Haut., 0.185;
larg., 0.088.
Collections comte Gelosi, B.-R. Haydon et Robinson.

94 — Groupe de huit hommes luttant.

Dessin à la plume lavé de bistre. — Haut., 153; larg.. 0.217.
Collections Lawrence et Conyngham.

MENGS (RAPHAEL)

95 — L'Adoration des bergers. — Étude définitive pour le
tableau exécuté par ordre de Charles III.

A la pierre noire et lavé de bistre. — Haut., 0.410; larg., 0 255.
Collection Robinson.

MENGS (Raphaël)

96* — Thétis découvrant la conjuration de Neptune, Junon et Minerve, et un autre croquis.

Dessins à la plume. — Haut., 0.290 ; larg., 0.245.

MURILLO (Barthlomeo-Esteban)

97 — Saint François agenouillé, tenant l'Enfant Jésus dans ses bras.

A la plume et légèrement lavé. — Haut., 0.330 ; larg., 0.234.
Collections Pedro Madrazo et Robinson.

98 — Étude de femme en buste.

A la sanguine et pierre noire. — Haut., 0.115 ; larg., 0.115.
Collections Pedro Madrazo et Robinson.

99* — Les saintes Justine et Rufine, patronnes de Séville.

Dessin à la plume lavé de bistre. Première pensée du tableau de Séville. — Haut., 0.210 ; larg,, 0.155.
Collection Jules Boilly.

100* — Un Saint debout, tenant la croix.

A la plume lavé de bistre. — Haut., 0.240 : larg., 0.158.

NICOLETTO DA MODENA (Nicola Roséx)

101* — Un Groupe de monstres marins.—Sur la même feuille, un mouton endormi.

A la plume. — Haut., 0.272 ; larg., 0.208.
Collection Vallardi.

NILSON (Joan-Esaias)

102* — Deux vignettes pour illustrations. — Celle du Coureur tenant une lettre a été gravée.

Dessins à la plume et lavés à l'encre de Chine. — Haut., 0.130 ; larg., 0.085.

PICART (Bernard), attribué à

26

103* — Pèlerins en prière devant un autel.

Dessin à la sanguine de forme triangulaire.

PIPPI (Giulio), dit Jules Romain

104 — L'Afrique vaincue. — Sujet en forme de bas-relief.

A la plume lavé de bistre. — Haut., 0.140; larg., 0.185.
Collections J. Richardson, Pond et Robinson.

PIPPI (Giulio), dit Jules Romain

37

105* — Minerve debout et armée.

Dessin à la plume lavé de bistre. — Haut., 0.260; larg., 0,125.

PIPPI (Giulio), dit Jules Romain

106* — Masque de lion. — Collection Mariette, et Étude de femme drapée à l'antique. — Collection Griois.

Dessins à la plume.

PO (Giacomo del)

3

107* — Hercule gardant les troupeaux de Diomède.

A la plume et au lavis. — Haut., 0.256; larg., 0.406.
Collections Mariette et Gasc.

PORDENONE (Giovan-Antonio Licinio, dit)

108 — Le Père Éternel soutenu par les anges.

A la sépia avec rehauts blancs sur papier teinté vert. — Haut., 0.288;
larg.. 0.289.
Collections de Charles Ier, Thomas Lawrence et Robinson.

11

109 — La Nativité de la sainte Vierge.

Dessin à la plume sur papier teinté vert. — Haut., 0.320;
larg., 0.295.
Collections Thomas Lawrence et Robinson.

PORDENONE

110 — Un Seigneur poignardant une femme renversée à ses pieds. Au fond, à droite, le même personnage paraît agenouillé devant un moine.

Au bistre. — Haut., 0.393; larg., 0.267.
Collection Robinson.

111 — Lettre R ornée.

A la sanguine. — Haut., 0.130; larg., 0.106.
Collections Richardson, lord Spencer, Thomas Lawrence et Robinson.

112 — Lettres O, R, V, soutenues par des amours.

Dessin en forme de frise, à la plume et à la pierre noire. — Haut., 0.091; larg., 307.
Collections sir P. Lely, Richardson, sir J. Reynolds, Thomas Lawrence et Robinson.

113 — Lettres C. O. R. entremêlées d'amours.

A la sanguine. — Haut., 0.056; larg., 0.235.
Collections sir Josuah Reynolds, Thomas Lawrence et Robinson.

PORTA (Fra BARTOLOMEO DELLA)

114 — Tête d'enfant, vue de profil.

A la pierre noire. — Haut., 0,239; larg., 0.165.
Collection Robinson.

115 — La Vierge et l'Enfant Jésus.

A la pierre noire rehaussée de blanc sur papier teinté. — Haut., 0.235; larg., 0.158.
Collection Robinson.

116 — Enfant nu et s'avançant appuyé sur un roseau.

A la pierre noire. — Haut., 0.281, larg., 0.162.
Collection Robinson.

117 — Un Prophète.

A la pierre noire rehaussé de blanc. — Haut., 0.318; larg., 0.198.
Collection Robinson.

PORTA (Fra Bartolomeo della)

118 — La sainte Vierge avec l'Enfant Jésus, et saint Jean-Baptiste. — Au verso, variante du même sujet.

A la plume. — Haut., 0.194; larg., 0.138.

PULIGO (Domenico di Bartolomeo)

119* — Etude d'homme nu.

A la sanguine. — Haut., 0,200; larg., 0.270.
Collection Palla.

PUPINI (Biagio)

120 — Première pensée pour un Couronnement de la Vierge.

Esquisse à la plume rehaussée de blanc. — Haut., 0.200; larg., 0.132.
Collections de l'évêque d'Arezzo, lord Somers, J. Richardson et Robinson.

RIBALTA (Francisco de)

121* — Jésus sur le lac de Génézareth.

Dessin à la plume et au lavis bleuâtre. — Haut., 0.160; larg., 0.110.
Collections de Fries et Lagoy.

RIBERA (Jose de)

122* — Le Martyre de saint Barthelemy.

Dessin à la plume lavé de bistre. Étude pour l'eau-forte bien connue du maître. — Haut., 0,270; larg., 0.202.
Collection Griois.

RENI (Guido)

123* — Tête de saint en extase.

A la pierre noire. — Haut., 0.143; larg., 0.113.
Collections Mariette et Gasc.

Sur la même monture un croquis par Élizabeth Sirani.

Collection Vallardi.

ROWLANDSON

124 — La Laitière. — Le Fort.
Deux compositions à la plume et à l'aquarelle.

125 — La Lettre d'amour. — Le Marchand de pommes.
(De la suite des *Cris de Londres*.)
Deux dessins à la plume et à l'aquarelle.

ROSELLI (Cosimo)

126 — Portrait de Pic de la Mirandole, de profil, la tête cou-
verte d'une calotte.

Superbe dessin, qui a malheureusement beaucoup souffert. Il a
été découpé et doublé, A la plume de roseau. — Haut., 0.340;
larg., 0.260.
Collection Thomas Lawrence.

SACCHI (Andrea)

127* — Prédication de saint Jean-Baptiste.

Dessin à la plume lavé de bistre. — Haut., 0.270; larg., 0.175.
Collection Uvedale Price.

SALIMBENI (Ventura)

128 — La Nativité.

Dessin à la plume lavé de sépia. — Haut., 0.163; larg., 0.203.

SALVIATI (Francesco de' Rossi, dit)

129* — Bacchanale.

Dessin à la plume et à la pierre noire. —Haut., 0.363; larg , 0.280
Collection J. Duval Lecamus.

SAMACCHINI (Orazio)

130* — Esquisse d'ornements.

Dessin à la plume. —Haut., 0.208; larg,, 0.207.

SANDBY (PAUL)

131* — Paysage avec figures.

> A la sépia avec rehauts de blanc sur papier verdâtre. — Haut., 0.220 ;
> larg., 0.330.
> Collections P. Sandby et Robinson.

SANZIO (RAFFAELLE)

132 — La Mise au tombeau.

> Composition de huit figures, à la plume lavée de bistre.
> — Haut., 0.289 ; larg., 0.260.
> Dans le catalogue des dessins de Raphaël faisant partie de la
> collection de sir Thomas Lawrence, ce dessin, décrit sous le n° 17,
> est estimé avoir été exécuté par le maître peu après son départ de
> l'atelier du Pérugin, et indiqué comme provenant des collections de
> La Noue et de Jullienne. Il a également fait partie des collections
> Richard Cosway et Robinson.

RAPHAEL (École de)

133* — L'Amour et Psyché.

> Charmant dessin à la sanguine. — Haut., 0.233 ; larg., 0.190.
> Collection Horsin Déon.

SARTO (ANDREA DEL)

134 — Figure nue, vue de dos.

> Très belle étude à la sanguine. — Haut., 0.440 ; larg., 0.250.

135 — Étude pour un des ouvriers de la vigne. Sujet peint
dans Le Scalzo à Florence.

> A la plume lavé de sépia et rehaussé de blanc sur papier teinté,
> — Haut., 0.265 ; larg., 0.110.
> Collections Thomas Lawrence et Robinson.

136 — Servante portant un plat, étude pour la figure d'une
des fresques de l'Annunziata.

> A la pierre noire et lavé. — Haut., 440 ; larg., 0.230.
> Collections P.-H. Lanckrink, Richardson, Barnard, Cosway et
> Robinson.

SIGNORELLI (Luca)

137* — Deux hommes debout.

> Dessin à la plume lavé de bistre. — Haut., 0.108 ; larg., 0.072.
> Collections Thomas Lawrence et Mario.

SIRANI (Giovanni-Andrea)

138* — Le Mariage mystique de sainte Catherine et la Présentation au temple.

> Deux études à la plume et lavis de bistre.
> Collection Denon.

TESTA (Pietro)

139* — Les Trois Vertus : la Foi, l'Espérance et la Charité, etc. Première pensée de la composition gravée à l'eau-forte par le maître, et décrite par Bartsch, t. XX, page 224, n. 30.

> Dessin à la plume ; une mauvaise épreuve de l'eau-forte ajoutée.
> — Haut.. 0.284 ; larg., 0.210.
> Collections Ploos van Amstel et Gasc.

THEOTOCOPULI (Domenico, dit Il Greco)

140 — L'Annonciation.

> A la plume lavé de bistre. — Haut., 0.298 ; larg., .238.
> Collections Madrazo et Robinson.

TIBALDI (Pellegrino)

141* — La Transfiguration.

> A la pierre noire. — Haut., 0.242 ; larg., 0.188.
> Collection Thomas Lawrence.

TRIBOLO (Niccolo-Pericoli, dit Il)

142 — Étude à la plume d'un Christ en croix. — Au verso, étude d'homme nu.

> A la pierre noire. — Haut., 0.338 ; larg., 0.232.

143* — Étude de cavaliers et d'hommes d'armes.

> Dessin à la plume. — Haut., 0.190 : larg., 0.140.
> Collection Desperet.

VACCARO (Niccolo)

144* — Études d'hommes.

> Dessin à la pierre noire lavé et rehaussé de blanc. — Haut., 0.145; larg., 0.159.
> Collections Mariette et de Barck.

VALDES LEAL (Don Juan de)

145* — Une Sainte reçue au ciel par le Christ, dans une gloire d'anges. — Dans le bas, deux saints agenouillés devant un autel, vers lequel s'avance un ange tenant une bulle avec sceaux.

> Superbe dessin à la plume lavé de bistre avec rehauts blancs. — Haut., 0.265; larg., 0.185.

VANNI (Francesco)

146* — Une Sainte exorcisant une possédée.

> A la sanguine. — Haut., 0.216; larg., 0.175.
> Collections Ch. Giraud et Gasc.

147* — La Vierge et l'Enfant Jésus dans une gloire d'anges. Dans le bas, deux saints, l'un lisant, l'autre agenouillé.

> A la pierre noire. — Haut., 0.208; larg., 0.142.

VANVITELLI (Luigi)

148* — Deux Vues du port de Civita-Vecchia.

> Signées et datées 1742, à l'encre de Chine. — Haut., 0.285; larg., 0.470.

VANUCCI (Pietro, dit Perugino)

149 — Étude pour une figure des fresques du Cambio de Pérouse.

> Au bistre rehaussé de blanc sur papier préparé; fort endommagé. — Haut., 0.280; larg., 0.127.

VASARI (Giorgio)

150 — Vénus s'élevant des ondes et entourée des dieux marins, aborde à Paphos, dont on aperçoit le temple à droite, au fond.

> A la plume et au lavis avec des rehauts blancs. — Haut., 0.276 ; larg., 0.540.
> Collection Robinson.

151 — Le Temps, devant le tribunal des dieux.

> A la plume et au lavis. — Haut., 0.115 ; larg., 0.223.
> Collections J.-P. Zoomer et Robinson.

152 — Judith tuant Holopherne. — Frise d'ornement.

> Deux dessins à la plume lavés de bistre.

153* — Fragment d'un plafond représentant le Jugement dernier.

> Dessin à la plume lavé de bistre, de forme triangulaire. — Haut., 0.405 ; larg., 0.220.
> Collection Maurel de Marseille.

VASCIBRACCI (Antonio, dit Aliense)

154* — Deux saints personnages adorant l'Enfant Jésus sur les genoux de la Vierge.

> Dessin à la plume lavé de bistre. — Haut., 0.160 ; larg., 0.195.

VINCI (Leonardo da)

155 — Quatre études de têtes grotesques à la plume.

> Dans la collection royale de Windsor se trouve toute une suite du même genre, gravée par Hollar. — Haut., 0.074 ; larg., 0.053.
> Collection Robinson.

VINCI (Manière de Léonard de)

156* — Apollon et Marsyas.

> Esquisse à la sanguine. — Haut., 0.102 ; larg., 0.073.

VITE (Timoteo della)

157 — La Madone avec l'Enfant et saint Jean, d'après une composition de Raphaël.

> Dessin à la plume. — Haut., 0.256; larg., 0.197.
> Collection Robinson.

158 — Étude de femme nue, les bras élevés comme pour soutenir un objet.

> A la pierre noire. — Haut., 0.288; larg., 0,172.
> Collections Charles Ier et Robinson.

159* — Groupe de lansquenets allemands.

> Très beau croquis à la plume. — Haut., 0.140; larg., 0.203.

160* — Homme nu assis et tenant un bâton.

> A la pierre noire. — Haut., 0.240; larg., 0.265.

VECELLI (Tiziano)

161 — Jésus saisi par les gardes.

> Esquisse à la plume. — Haut., 0.094; larg., 0.100.
> Collection Robinson.

162* — Homme assis, vu presque de dos.

> Vigoureux croquis à la sanguine. — Haut.. 0.158; larg., 0.108.

VERROCCHIO (Andrea del)

163 — Tête de jeune homme. — Autre croquis au verso.

> Dessin à la pierre noire. — Haut., 0.185; larg., 0.160.
> Collection Robinson.

VOLTERRA (Daniele Ricciarelli da)

164 — Étude de tête vue de haut. — Hauteur., 0,360; largeur, 0.320.
Étude de main.

> Deux dessins à la pierre noire.
> Collections sir J. Reynolds, Thomas Lawrence et Robinson.

165* — Etude de draperies.

> Dessin à la pierre noire. — Haut., 0.270; larg., 0.200.
> Collection Vallardi.

WATTEAU (Antoine)

166 — Trois soldats avec armes et bagages.

A la sanguine. — Haut., 0.152; larg., 0.218.

167 -- Un homme dansant.

A la sanguine. — Haut., 0.195; larg., 0.112..

ZOCCHI (Giuseppe)

168* — Vue des ruines du temple de Vénus, à Rome.

Dessin à la plume et à l'aquarelle. — Haut., 0.250; larg., 420.
Collection Mariette.

ZUCCHERO (Federigo)

169 — Robert Cecil, comte de Salisbury.

A la pierre noire. Esquisse pour le tableau de Hatfield House.
— Haut., 0.240 ; larg., 0.197.
Collection Robinson.

170 — Étude du groupe d'hommes d'armes occupant la gauche de sa composition, du Pape Paul III bénissant la flotte de Charles-Quint.

A la plume lavé de bistre. — Haut., 0.188; larg., 0.132.
Collection Mariette.

Sur la même monture : Triomphe d'un général romain.

A la pierre noire et à la sanguine.

171* — Portrait d'un prélat : « *Camilo Bonfiorani?* »

Dessin à la pierre noire et à la sanguine. — Haut., 0.262;
larg., 0.192.

172* — Trois études de statues antiques, à la pierre noire, et Combat de lutteurs dans la cour d'un palais.

A la pierre noire et à la sanguine, inscrit : *Palestrina*, 1568.

173* — Marche de guerriers et divers croquis.

Dessin à la plume lavé de bistre. — Haut., 0.276; larg., 428.
Collections de Charles 1er, Houlditch et sir J. Reynolds.

ZUCCHERO (Taddeo)

174 — Son portrait, dessiné pour le livre de Vasari. (Voir le bois de la seconde édition).

> Dessin à la pierre noire, la tête et la main à la sanguine. — Haut., 0.324; larg., 0.213.
> Collection Robinson.

175 — Intérieur de la maison du maître de l'artiste. A gauche, Zucchero éclairant avec une lampe, tandis que dans le fond, il est représenté de nouveau broyant des couleurs.

> A la plume lavé de bistre. Ce dessin faisait partie d'une série de compositions contenant les événements les plus marquants de la vie du peintre, et décrite sous le nº 231 du Catalogue de la collection Dijonval.
> Collections Paignon Dijonval et Robinson.

Paris. — Imprimerie Pillet et Dumoulin, 5, rue des Grands-Augustins.